AF310254

L'AUDIENCE
DU JUGE DE PAIX,

OU

LE BUREAU DE CONCILIATION,

TABLEAU EN UN ACTE,

PAR MM.

ROCHEFORT, CHARLES ET JULIEN,

REPRÉSENTÉ, POUR LA PREMIÈRE FOIS, A PARIS,
SUR LE THÉATRE DES VARIÉTÉS,
LE 29 AOUT 1829.

PRIX : 1 FR. 50 C.

PARIS,

QUOY, LIBRAIRE-ÉDITEUR,

AU MAGASIN GÉNÉRAL DE PIÈCES DE THÉATRE,
boulevard Saint-Martin, n° 18.

1829.

| PERSONNAGES. | ACTEURS. |

M. BROUILLARD, suppléant d'un juge de paix. M. Brunet.

M. BELMONSKI, se disant Polonais, habitant
Paris.. M. Vernet.

IBRAHIM, jeune Egyptien, venu à Paris pour
son instruction............................... M. Lhéric.

RICHARDOT, maître de clarinette............ M. Clément.

MATHIEU, sourd, greffier du juge de paix..... M. Lebel.

M. MARÉCHAL, dentiste .... M. Georges.

HORTENSE, parfumeuse.................... Mlle Chalbos.

Mme LACAILLE, portière................... { Mme Baroyer. / Mme Vautrin.

DEUX VÉTÉRANS (dont un parlant) .... M. Bégat.

Bourgeoise et bourgoises du quartier.

La Scène se passe à Paris, dans une Justice de Paix.

Vu au Ministère de l'Intérieur, conformément à la décision
de S. Exc., en date de ce jour, Paris, le   1829.

PAR ORDRE,

Le Chef du Bureau des Théâtres,

COUPART.

Imprimerie de CHASSAIGNON, rue Gît-le-Cœur, n. 7.

L'AUDIENCE

DU JUGE DE PAIX,

TABLEAU EN UN ACTE.

Le Théâtre représente l'intérieur d'un bureau ; une porte au fond. — A droite et à gauche, des portes de cabinets ; au-dessus de l'une d'elles est un œil de bœuf. — Des banquettes, un bureau, des papiers, etc., garnissent le théâtre.

SCÈNE PREMIÈRE.

BROUILLARD, MATHIEU, *assis au bureau et tenant un papier à la main.*

BROUILLARD, *criant.*

Eh bien !... après, qu'est-ce qu'il y a encore pour aujourd'hui ? voyons. (*A part.*) Quel drôle de secrétaire j'ai là ! il est sourd comme un pot, et bête à proportion ; mais c'est mon parent, et M. le juge de paix (que je remplace en ce moment pour cause de maladie), l'a pris et le garde par égard pour moi. (*Criant de nouveau.*) Eh bien ! Mathieu, y êtes-vous ?

MATHIEU.

Pardon, M. le Suppléant, nous disions donc... le sieur...

BROUILLARD.

Eh ! non... plus loin que ça... Tenez, ici...

MATHIEU.

Ah ! oui... La demoiselle Hortense, parfumeuse, rue Saint-Honoré, et la dame Lacaille, portière dans la maison qu'occupe ladite demoiselle ; contre le sieur Belmonski, négociant et locataire, et le sieur Richardot, maître de clarinette... assignés fous en conciliation à l'effet de comparoir... ce jourd'hui...

BROUILLARD, l'interrompant.

C'est ça, c'est ça... |Diable! nous ne manquerons pas d'affaires... et cet autre papier que vous tenez-là? (*Il le prend.*) Ah! ah! une circulaire adressée à tous les fonctionnaires publics, pour tâcher d'avoir des renseignemens sur la femme Belmont... tiens, qu'est-ce que ça peut-être?... (*Lisant.*) « La dame Belmont, française d'origine, et ci-devant ouvrière en modes... à Londres, se
» trouvant instituée légataire de lord Bertram, et ce pour
» la somme de dix mille livres sterlings... Oh! oh!...
» L'autorité britannique, qui suppose que ladite dame
» Belmont habite présentement la ville de Paris, s'em-
» presse d'en instruire les autorités locales, pour qu'elles
» aient à faire les recherches nécessaire...» Dix mille livres sterlings! celle-là peut peut pleurer la mort du lord... elle est payée pour ça. (*Tirant sa montre.*) Diable! déjà onze heures! et l'audience pour midi... il n'y pas de temps à perdre... (*Elevant la voix.*) Mathieu!

MATHIEU.

M. Brouillard!

BROUILLARD.

Mettez un peu tous ces papiers en ordre... Je vais poser les scellés au N° 56, et je m'arrangerai pour que les héritiers m'offrent à déjeûner; ça se propose toujours, et ça ne se refuse jamais... Pauvres héritiers!... (*Il prend son chapeau.*) Si on vient, vous direz qu'on m'attende.

(Il sort.)

SCENE II.

MATHIEU, *puis* Mme LACAILLE, HORTENSE.

MATHIEU, *toujours assis, et tournant le dos à la porte.*

Il est curieux, ce M. Brouillard! il croit parler à un sourd... Je sais bien que j'ai l'oreille un peu dure, mais c'est égal... pouvu que j'entende mon affaire, ça suffit...

(*Il se met à feuilleter les papiers qu'il a devant lui.*)

Mme LACAILLE, *entrant.*

Par ici, ma petite, par ici... Prenez garde à l'escalier... pour monter, faut descendre trois marches.

ENSEMBLE.

AIR : *Vive à jamais la danse !*

Entrons ici sans crainte ;
Car, malgré nos procès,
Toujours dans cette enceinte
Tout finit (*bis.*) par la paix.

MAD. LACAILLE.

Oui, tout nous s'ra propice,
L' magistrat qui jug'ra
Rend très-bien la justice ;
J' lui rends cett' justic'-là.

ENSEMBLE.

Entrons, etc.

HORTENSE:

Comment, madame Lacaille, c'est ça la justice de paix ?

Mme LACAILLE.

Ah ! dame, ma petite voisine, c'est pas aussi gentil que votre magasin de parfumerie de la rue Saint-Honoré... mais c'est plus respectueux.

HORTENSE.

Chut ! voici quelqu'un !

Mme LACAILLE.

Ça doit être de la maison. (*Elle le regarde.*) Oh ! oui, c'est ça...

MATHIEU, *parcourant toujours ses papiers.*

La demoiselle Hortense...

Mme LACAILLE.

Tout juste... c'est lui-même... il s'occupe de nous... il vient de prononcer votre nom !... Une idée, ma petite, si vous profitiez de l'occasion pour lui glisser deux mots sur notre affaire... Une jolie femme, ça fait gagner plus de la moitié des procès...

HORTENSE.

Non, non, chargez-vous de cela vous-même.

Mᵐᵉ LACAILLE.

Au fait, je n'ai pas ma langue dans ma poche; je puis m'en servir, dieu merci!... je vais me risquer... (*Elle passe derrière Mathieu, et s'appuie sur le dos de son fauteuil. — Celui-ci continue son travail sans détourner la tête.*) D'abord, M. le Juge de Paix, vous saurez que je suis portière de mon état, et dans une maison bien tenue, j'ose le dire... tous locataires paisibles... sages et rangés comme des demoiselles de condition; mais ne vl'a-t-il pas que depuis un terme il est venu loger, à l'entresol, un je n' sais qui, un iroquois, un Polonais, nommé Belmonski, qui se dit négociant, et qui ne donne jamais rien à personne, si ce n'est des sérénades de clarinette, la nuit, à sa voisine, ma'zelle ici présente, et qu'est une dame bien respectable aussi, sous tous les rapports, je m'en vante.

MATHIEU, *prenant une prise de tabac, et indiquant le papier qu'il tient.*

En voilà-t-il de la paperasse!

HORTENSE.

Dites-donc, madame Lacaille, il n'a seulement pas l'air de vous écouter.

Mᵐᵉ LACAILLE.

C'est toujours comme ça; mais laissez-moi achever... J'en étais sur les sérénades. (*A Mathieu.*) Tous les jours, à minuit, voyez-vous, c'et pas permis... Je suis montée chez le M. Belmonski pour lui dire son fait... mais il flûtait toujours; alors, moi qu'est pas madame tranquille, ça m'a mis dehors des gonds, et j'ai sauté dessus sa clarinette... En v'là bien d'une autre. M. Richardot, le maître de musique, qui buvait du punch ensemble, veut défendre son élève, et...

AIR *du Pas redoublé.*

L' tapage augmente et d'vient plus fort :
    On crie et l'on s'emporte.
Je m' defends, car j'avais pas tort,
    Et j'y va pas d' main morte.

Le musicien , qui s'obstinait,
En l'air jett' ma cornette :
Ça fait qu' je m' trouvai sans bonnet,
Et lui sans clarinette.

(*Mathieu éternue en tenant sa tabatière ouverte.*)

A vos souhaits.

(*Elle passe la main par-dessus l'épaule de Mathieu pour
prendre une prise.*)

MATHIEU, *se retournant.*
Ah! pardon, Madame... l'audience ne commence que
dans une heure.

(*Il lui indique les bancs, les places autour de la salle et
destinés au public.*)

Mme LACAILLE.
Mais ce n'est pas ce que je veux vous dire...
MATHIEU, *se levant.*
A l'avantage de vous revoir.

(*Il salue et sort.*)

SCÈNE III.

Mme LACAILLE , HORTENSE.

Mme LACAILLE.
Eh ben! il s'en va sans me répondre!... il a l'air d'un
imbécille de naissance.
HORTENSE.
Tenez, madame Lacaille, nous aurions mieux fait de
laisser tout ça là et de nous tenir tranquilles.
Mme LACAILLE.
C'est ça, me tenir tranquille quand il y a de l'argent à
gagner pour moi!... je suis pas si feignante que ça. D'ail-
leurs, je suis mère de famille... faut qu'on me paie mes
injures... la justice est pour tout le monde!...

HORTENSE.

Vous m'avez fait venir ici comme témoin, et je n'ai guère le temps de m'absenter de ma boutique...

Mme LACAILLE.

Eh ! mon dieu ! mam'zelle Hortense , on sait que depuis quelque temps vous n'aimez tant à être chez vous que parce qu'il y vient un bel individu.

HORTENSE.

Qui donc ?

Mme LACAILLE.

Pardine , votre petit Egyptien , M. Ibrahim.

HORTENSE.

Le fait est qu'il est bien gentil ! il s'instruit très-vîte : on le voit toujours dans nos théâtres, nos musées , nos jardins publics.

Mme LACAILLE.

C'est pas que je vous le reproche, mais faut prendre garde à ces étrangers-là, voyez-vous... c'est des jeunes gens de famille que leux pères et mères envoient à Paris pour se faire éduquer, et qui s'amusent à y perdre leur temps; par exemple, qu'est-ce que celui-là fait chez vous toute la sainte journée ?

HORTENSE.

Ce qu'il y fait ?

Air de Julie.

Dans mon magasin il achète
Des essences du plus grand prix :
Mes parfums lui montent la tête,
Ça lui rapéle son pays.
A mon comptoir il m'aide à mille choses,
Là , nous suivons le genre oriental ;
Et, sans nous y prendre trop mal,
Tous deux nous effeuillons des roses.

Mme LACAILLE.

Et ses déclarations à la douzaine, c'est y aussi dans le genre oriental? Tenez, Mam'zelle, méfiez-vous des Musulmans, c'est des infidèles; et puis ces êtres-là, ils ont des sérails oùs qu'on est plus ou moins, c'est selon....

HORTENSE.

Mais lui, il veut m'épouser.

Mme LACAILLE.

Laissez donc!...

HORTENSE.

Sérieusement; il m'a même fait signer une promesse de mariage, comme dans une comédie qu'il a vue l'autre jour aux Français...

Mme LACAILLE.

Bah!

HORTENSE.

Je l'ai faite en badinant; et avec ça il prétend qu'il pourra m'épouser à la mode de France, à la municipalité...

Mme LACAILLE.

Des bêtises enfin; tenez, pour partager les maris, autant vaut rester chez nous.

HORTENSE, *avec intention.*

Oh! madame Lacaille! des maris, je n'y pense guères! ce ne sera pas plus l'Égyptien que le Polonais...

Mme LACAILLE.

M. Belmonski?... celui que j'ai fait assigner ici?... je peux pas le supporter, ce bavard-là...

HORTENSE.

Ni moi non plus.

Mme LACAILLE.

Rien que le son de sa voix, ça m'agace.

SCÈNE IV.

LES MÊMES, BELMONSKI.

BELMONSKI, *en dehors.*

Merci, mon garçon, merci... La porte en face.... m'y voilà...

Mme LACAILLE.

Eh! justement, n'est-ce pas lui que j'entends?...

HORTENSE, *remontant la scène.*

Lui-même... Comment faire?

L'Audience.   2

Mme LACAILLE.

De ce côté!... la grande salle!...

BELMONSKI.

Ah! à la fin!... O amour! que vois-je!... Hortense!...
la belle Hortense!...

HORTENSE.

Sauvons-nous.

(*Elle entre dans la salle à droite.*)

BELMONSKI, *courant après.*

Aimable fugitive!...

Mme LACAILLE, *lui barant le passage, et se plaçant devant
lui les poings sur les hanches.*

Minute! on ne se passe pas... ça finira tout ça.

BELMONSKI.

Encore la Lacaille! elle se fourre partout, cette femme-
là!...

Mme LACAILLE.

Hein? qu'est-ce que c'est?

BELMONSKI.

Ce n'est rien, ma bonne partie adverse, ne nous fâchons
pas; nous aurons le temps plus tard.

Mme LACAILLE.

J'aime mieux ça... Ah! dame! c'est que quoique nous
soyons chez le juge de paix...

BELMONSKI.

Eh bien?

Mme LACAILLE.

Eh bien! on vous remettrait au pas, donc.

(*Elle entre en grognant dans la salle à droite. — Belmonski
la suit des yeux.*)

SCÈNE V.

BELMONSKI, *seul.*

Merci de vos politesses!... Ma parole, ce qui m'arrive
est très-burlesque!... Je suis appelé chez le juge de paix,
parce que je joue supérieurement de la clarinette...
Enfin, voici le fait :

AIR : *La plus brillante des coiffures.*

Je vois une jeune brunette ,
Ma voisine de l'entre-sol ;
J'espère , avec ma clarinette ,
Que je prendrai son cœur au vol ;
Mais la portière , en femme malhonnête ,
Monte soudain , et dit que j' l'embête
Avec mes ut , ré , mi , fa , sol ,
Et l'on assigne le rossignol
Pour avoir fait l'amour en si bémol.

Jamais pareille chose ne m'est arrivée dans mes voyages,
et je peux me vanter d'avoir voyagé!... En ai-je vu, des
pays!... tout en faisant mon petit commerce de den-
telles!... par contrebande, bien entendu!... Pour plus de
sûreté, je changeais de nom selon les localités... et comme
les exotiques sont bien reçus partout, j'étais Russe en
Italie, Italien en Russie, Belmonte, Belmonskof; ici, je
suis Polonais, et je m'appèle Belmonski... c'est adroit,
mais ce n'est pas nouveau... Ah! ça, je vais donc plaider
ici; mais j'attends Richardot, mon professeur de clarinette.

SCENE VI.

BELMONSKI , RICHARDOT , IBRAHIM , *entrant.*
ensemble.

RICHARDOT, *à Ibrahim.*

AIR : *Nous verrons à ce qu'il dit.*

M'y voici,
Mon cher ami,
Vous pouvez venir à masuite.
Ici l'entrée est gratuite ;
Mais souvent
On paie en sortant.

BELMONSKI.

Richardot ! c'est toi!...

RICHARDOT.

Oui , de par la loi
Et son injuste poursuite ;
Mais je vais plaider
Sans m'intimider ,
Car je ne veux pas céder !

BELMONSKI ET RICHARDOT.

M'y voici,
Mon cher ami ,
A la plainte il faut donner suite , etc.

BELMONSKI , *à demi-voix* , *montrant Ibrahim.*

Quel est donc ce personnage fantastique tu nous amènes-
là ?...

RICHARDOT.

C'est un jeune homme charmant, qui est, comme vous ,
un de mes élèves... il vient assister à l'audience... Les
étrangers ont besoin de tout connaître.

BELMONSKI.

C'est drôle ! il me semble que j'ai vu cette figure-là
quelque part. (*S'approchant d'Ibrahim.*) Pardon , jeune
homme , ne seriez-vous pas un de nos anciens Osages
qu'on aurait fait passer dans les Chinois ?

IBRAHIM , *se redressant.*

Monsieur , est-ce pour m'insulter ? je ne le souffrirai
pas... Je suis élève de Bertrand pour l'escrime !...

BELMONSKI.

Tiens !... tiens ... comme il s'exprime !...

IBRAHIM.

Je me promène partout où ça me fait plaisir, pour
mon instruction... Je suis Egyptien !...

BELMONSKI.

Ah ! c'est juste, vous parlez français , donc vous êtes
Égyptien ?

RICHARDOT.

C'est M. Ibrahim !...

BELMONSKI , *à part.*

Ibrahim !... diable ! c'est peut-être un cousin du fameux
Ibrahim Pacha... ne plaisantons plus... (*Haut.*) Ah ! sa
Hautesse voyage pour son instruction.

IBRAHIM.

Et celle de mes compatriotes... je viens puiser des lumières en France!...

BELMONSKI.

Ah! voilà... et une fois que votre petite portion de lumières sera faite, vous repartirez avec ?...

IBRAHIM.

Oh! j'ai déjà appris beaucoup de bonnes choses chez vous!

AIR : *Je bois à toi, ma brunette.* (Les Créoles.)

Une danseuse, qu'on admire,
A l'Opéra sût m'enflammer :
Moyennant un cachemire,
Elle m'apprit l'art d'aimer.
Je sais l'art de la roulette,
Et mille jeux pleins d'attraits,
Ignorés par le prophète,
Et qu'il n'enseigna jamais.
 Enfin
Le champagne en main,
Me mettant en goguette,
Je sais boire et dis
A mes amis :
Verse, verse, l'on s'honore
De s'instruire pour son pays ;
Verse, verse, verse encore,
On ne s'instruit bien qu'à Paris,
Vivent les beaux-arts de Paris !

BELMONSKI.

Et maintenant vous venez voir ici opérer la justice?

IBRAHIM.

Toujours pour mon instruction.

BELMONSKI.

Ça vaut la peine d'être vu... Par exemple, elle opère moins vîte que chez vous... Ah! la gaillarde!... comme elle y va, au Grand Caire ou à Constantinople! en cinq minutes, votre affaire est dans le sac.

AIR *du Premier prix.*

Sa promptitude est admirable,
Et ne vous laisse pas languir ;
Avec elle, c'est agréable,
On n'a pas le temps de souffrir.
Oui, la justice se comporte
Chez vous très-poliment, dit-on,
On n'attend jamais à la porte
Quand on demande le cordon.

RICHARDOT.

Ah ! ça, et l'audience ?... Venez-vous trouver le juge
de paix ?

BELMONSKI.

Veux-tu bien me laisser tranquille, tu ne vois pas que
je m'instruis avec ce charmant orientaliste ! Musulman,
nous nous ressemblons beaucoup, pas de figure, attendu
que vous êtes un beau brun, et que moi je suis blanc
comme neige... mais de caractère...

IBRAHIM.

Comment cela ?

BELMONSKI.

Vous êtes une spécialité dans votre genre, comme j'en
suis une dans le mien... Ainsi que vous, j'ai beaucoup
voyagé.

IBRAHIM.

Et qu'avez-vous appris dans vos voyages ?

BELMONSKI.

Rien, voilà tout ; mais je me suis amusé... pas toujours, j'ai eu quelquefois des aventures pittoresques...
Tenez, entr'autres celle qui m'est arrivée en Angleterre,
il y a quelques années... il faut que je vous conte ça.

RICHARDOT, *à part.*

Pendant ce temps-là, moi, je vais repasser mon mé-
moire justificatif.

(*Il tire de sa poche un gros cahier, se place à la table et se
met à le parcourir.*)

BELMONSKI.

C'était à Londres, en 1824 ; je me promenais dans

Piccadilly, le plus beau quartier de la ville, lorsqu'à la fenêtre d'un magasin de modes devant lequel je flanais souvent, j'aperçois une jeune, femme charmante avec un grand chapeau de paille qui m'empêchait de la voir: je lui lance un regard enflammé, elle riposte; je fais le gentil, et nous passons de la sorte une heure à nous volcaniser mutuellement.

IBRAHIM.

Au Grand Caire vous auriez été empalé... Je vous dis cela pour votre instruction.

BELMONSKI.

Bien!.. Mais voilà le plus bouffon de l'aventure.. Tout-à-coup, une vieille femme sort de la maison et m'aborde, en me disant que j'ai inspiré depuis plusieurs jours une passion violente à sa belle maîtresse.

IBRAHIM.

Est-ce possible?

BELMONSKI.

Un roman!... vous allez voir. C'est une des plus riches marchandes de Londres, me dit-elle. A ces mots, je veux courir me jeter à ses pieds. Bien, ajoute la vieille ; mais c'est pas ça, c'est le mariage qu'il lui faut. Des raisons de famille la forcent d'agir secrétement ; et demain, à la pointe du jour, si vous l'aimez, vous pouvez être unis... Qu'est-ce que je risquais? il ne me restait pas un scheling... Le lendemain je me rends donc de bon matin à l'adresse indiquée, avec deux watchman que j'avais ramassés en route, et qui devaient me servir de témoins, à quinze sous par tête, payables après l'hymen ; bien!... La jeune dame était déja au poste, couverte d'un voile qui avait remplacé le chapeau de la veille... Je cherche à voir ses traits, et à force de persévérance, je parviens à lui apercevoir un œil... Dieu! Musulman, qu'il était beau! si l'autre lui ressemblait, la paire devait être hors de prix... Là-dessus, ma tête part tout-à-fait, je dis: *yes*, ma future dit: *yes*, et nous voilà unis.

IBRAHIM.

A Damiette on vous aurait coupé le nez... Je vous dis cela pour votre instruction.

BELMONSKI.

Bien!... Néanmoins je nageais dans la joie; mais au même instant un constable m'aborde, et me prie très-poliment de le suivre en prison... bien!

IBRAHIM.

A Suez on vous aurait coupé les oreilles; mais là, il paraît qu'on se moquait de vous?... Pardon, je vous demande cela pour mon instruction.

BELMONSKI.

Oui, Musulman, on se moquait de moi!... Ma femme avait des dettes que, suivant la mode anglaise, j'avais épousées avec elle. Il lui fallait un éditeur responsable pour se tirer d'affaire, et c'est moi qu'elle avait eu la bonté de choisir.

IBRAHIM.

C'est particulier, ça ressemble au *Mariage à l'anglaise* que j'ai vu l'autre soir à l'Opéra-Comique.

BELMONSKI.

C'est si commun en Angleterre!... Conclusion. Je fus conduit à Kingsbench, la Sainte-Pélagie de l'endroi; j'en suis sorti sans retrouver ma moitié, et me voilà depuis cinq ans dans la position la plus équivoque, puisque je ne suis qu'un mari purement honoraire; car enfin, qu'est-ce que j'ai vu de ma femme? un œil...

IBRAHIM.

C'est bizarre.

BELMONSKI.

Bah! j'aime autant que ça se soit terminé comme ça... Je puis continuer à vivre en voluptueux célibataire, et je suis plus heureux que votre pacha, que votre sultan lui-même; car l'univers entier est mon sérail.

Mme LACAILLE , *entrouvrant la porte et regardant.*
Ça ne commencera donc pas! quelle scie!

(*Elle la referme brusquement.*)

BELMONSKI , *vivement.*

Ah! mon dieu, ça me rappelle Hortense!... la belle Hortense qui est là!... et moi qui ai tant de choses à lui dire.

IBRAHIM.

Hortense !

BELMONSKI.

C'est une charmante odalisque qui fait partie de mon sérail de l'univers dont je viens de vous parler... Pardon, Turc, je vous laisse : il faut que j'aille plaider auprès d'elle la cause du sentiment.

(*Il entre vivement.*)

SCÈNE VII.

LES MÊMES, *excepté* BELMONSKI.

RICHARDOT.

Ah! par exemple, il faut qu'il ait bien peu de cœur pour être encore amoureux de sa parfumeuse !

IBRAHIM.

Que dites-vous !... il se pourrait !... Hortense parfumeuse !...

RICHARDOT.

Rue Saint-Honoré.

IBRAHIM.

C'est-elle !... il la connaît !... Est-ce qu'elle l'aime ?... si je le savais !... Je jure par Mahomet...

RICHARDOT.

Mon cher élève, Mahomet n'est pas connu ici ; il n'a rien à faire chez le juge de paix.

IBRAHIM, *examinant un petit papier qu'il tire de sa poche.*

Cependant voilà un papier qui me semble bien en règle ; examinez-le un peu pour mon instruction.

RICHARDOT, *prenant le papier.*

Voyons,... Tiens, une promesse de mariage !... Ah ! quelle mystification !... Que voulez-vous faire de ça ?... ce n'est qu'une plaisanterie.

IBRAHIM, *vivement*

Une plaisanterie !... Où est le cadi ?

L'Audience.   3

RICHARDOT.

Nous n'avons pas plus de cadi que de Mahomet...
Calmez-vous.

IBRAHIM.

Que je me calme!... une femme à qui j'ai donné mon
cœur!...

RICHARDOT.

Eh ben! reprenez-le, votre cœur, et donnez-le à une
autre.

IBRAHIM, *furieux.*

La perfide!... Elle ne me connaît donc pas!

RICHARDOT, *à part.*

Il ressemble à l'*Othello* de M. Rossini.

IBRAHIM.

Si elle était là, je lui dirais en parlant de mon rival :

« Les tigres du désert dans leurs antres brûlants
» Déchirent quelquefois les voyageurs tremblants :
» Il vaudrait mieux pour lui que leur faim dévorante
» Dispersât les lambeaux de sa chair palpitante,
» Que de tomber vivant dans mes terribles mains! »

Ça se trouve dans *Othello*, acte 3, scène 4. Je vous dis
cela pour votre instruction. (*Il prend Richardot par les
deux collets de son habit, et le secoue vivement comme un
homme égaré.*) Savez vous ce que c'est que de tromper un
Musulman?

RICHARDOT.

Mon ami, vous déchirez mon habit.

IBRAHIM, *le tenant toujours.*

Dans mon pays, c'est un crime que vous paieriez de
votre tête!

RICHARDOT.

C'est un habit que vous paierez de votre argent.

IBRAHIM.

Après tout l'amour que j'avais pour elle...

RICHARDOT.

Il est un peu mûr.

IBRAHIM, *le repoussant.*

Notre liaison est à jamais rompue!

RICHARDOT, *regardant son habit.*

Et tout ça se trouve décousu.

IBRAHIM, *regardant la porte qui s'ouvre à droite.*

Mais la voilà!... il faut que ma vengeance...

RICHARDOT, *le saisissant.*

Non, mon élève, pas de bêtise! éloignons-nous un peu.

(*Il l'entraîne dans le fond du théâtre, et le retient avec peine en lui parlant bas.*)

SCÈNE VIII.

RICHARDOT et IBRAHIM, *dans le fond*, BELMONSKI, HORTENSE, Mme LACAILLE.

BELMONSKI.

AIR *de la Walse de Robin des Bois.*

Allons, ma belle,
Plus de querelle ;
Que la paix renaisse entre nous,
Ma clarinette
N'était pas faite
Pour exciter votre courroux.
Je veux bien de la mélodie
Suspendre les accords flatteurs,
Pourvu du moins que l'harmonie
Règne à jamais entre nos cœurs.
Allons ma belle , etc.

ENSEMBLE.

IBRAHIM, *dans le fond.*

A l'infidelle
Cherchons querelle,
Non, non, plus d'amour entre nous ;
Car la coquette
Me semble faite
Pour exiter tout mou courroux.

HORTENSE.

Cette querelle
Vous paraît-elle
Devoir exciter mon courroux?
Elle est peu faite,
Je le répète,
Pour troubler la paix entre nous.

(*A la fin de la reprise, Belmonski se met aux genoux d'Hortense.*)

IBRAHIM, *s'avançant brusquement, et saisissant le bras d'Hortense.*

Mademoiselle!

HORTENSE, *avec embarras.*

Ah! c'est vous, Ibrahim!...

BELMONSKI, *toujours à genoux.*

Elle connaît le Turc.

IBRAHIM, *d'une voix étouffée par la colère.*

Tenez, voici le cas que je fais de vos promesses.

(*Il déchire la promesse de mariage, et la jette aux pieds d'Hortense.*)

HORTENSE.

Comment?

IBRAHIM, *se retournant vivement vers Belmonski.*

Et vous, Monsieur....

BELMONSKI, *sans changer de posture.*

Plaît-il?

IBRAHIM.

Vous entendrez bientôt parler de moi.

(*Il sort précipitamment.*)

SCENE IX.

LES MÊMES, *excepté* IBRAHIM.

BELMONSKI, *se relevant.*

Ah! ça, qu'est-ce qu'il a donc, ce petit energumène?...
je ne lui disais rien, moi... j'étais-là, bien tranquille, à
faire ma déclaration...

RICHARDOT.

Ne faites pas attention!... c'est le genre oriental.

HORTENSE.

C'est affreux!... Un jeune homme qui faisait tant de dépense à mon magasin... Votre passion peut me faire beaucoup de tort, Monsieur.

BELMONSKI.

Où avez-vous donc connu ce petit sauvage-là?... Est-ce qu'il prend nos Parisiennes pour des Barbares?

Mme LACAILLE.

Queuqu' ça vous importe, séducteur ambulant? Madame est établie, elle est maîtresse de ses actions; après tout, elle ne vous a pas donné son cœur à garder.

BELMONSKI.

Portière, vous nous exhalez des bétises qui n'ont pas même le sens commun... Taisez-vous, ma chère amie.

RICHARDOT.

D'autant mieux que vous aurez le temps de parler tout-à-l'heure... Nous allons plaider d'une fière force ensemble! je ne crains ni le bruit ni le tapage, moi; j'ai accompagné le *Siége de Corinthe* et la *Muette de Portici!...* Au surplus, vous avez les torts...

Mme LACAILLE.

Eh ben! après?... Je suis du beau sexe, moi! et vous, vous n'en êtes pas!... Vous serez condamné!... Je veux 100 francs!... tiens, je suis mère de famille.

HORTENSE.

Econtez, je suis la cause involontaire de la querelle; et, puisque Monsieur vient de nous faire des excuses, réconcilliez-vous, et allons nous-en...

Mme LACAILLE.

Non pas, non pas... j'y perdrais...

BELMONSKI.

Ça se retrouvera... Voyons, je suis sûr que vous n'avez pas de fiel, madame Lacaille?

Mme LACAILLE.

Pas plus qu'un pigeon; mais je suis mère de famille.

RICHARDOT.

Eh bien! on ne veut pas vous prendre vos enfans.

Mme LACAILLE.

Faut bien que je les alimente, ces petites créatures.

BELMONSKI.

Qu'est-ce que ça nous fait.

Mme LACAILLE.

Nous verrons ça plus tard.

RICHARDOT.

A la bonne heure!... Eh bien ! nous n'avons pas mal
fait de venir ici.

HORTENSE.

Ce que c'est pourtant que l'influence d'un bureau de
conciliation.

AIR : *Faisons la paix.*

Faisons la paix.

HORTENSE.

Faisons la paix,
La guerre est pour moi si pénible !
Aussi je ne combats jamais :
J'ai toujours eu le cœur sensible,
Faisons la paix.

TOUS.

Faisons la paix. *(ter.)*

SCENE X.

LES MÊMES, BROUILLARD.

BROUILLARD, *en entrant, à la cantonade.*

Qu'on ouvre les portes et qu'on laisse entrer le public...
Ah ! ah! voici déjà du monde.

Mme LACAILLE, *s'avançant.*

Monsieur, voulez-vous me rendre mes papiers timbrés ?

BROUILLARD.

Quest-ce, vos papiers ?

BELMONSKI.

Comment! qu'est-ce ?... Eh ! oui, puisque l'affaire est
arrangée.

BROUILLARD.

Ah! vous aviez une affaire, et vous l'avez arrangée sans
moi ... c'est fort curieux, par exemple!

RICHARDOT.

Nous étions brouillés à mort! et nous voici maintenant
les meilleurs amis du monde.

BROUILLARD.

C'est bien dommage ; je me serais fait un vrai plaisir...
mais ce sera pour une autre fois.

Mme LACAILLE.

Mes papiers, s'il vous plaît ; il faut que je retourne
chez nous mettre mon pot au feu.

BROUILLARD.

Attendez que votre cause arrive à son tour, nous avons
bien autre chose à faire qu'à chercher votre dossier.

HORTENSE.

Et les témoins, Monsieur ?

BROUILLARD.

Attendez aussi.

BELMONSKI, *à Hortense.*

Alors, asseyons-nous-là, nous ferons la galerie, ça nous
amusera.

SCÈNE XI.

LES MÊMES, MATHIEU, MARÉCHAL, PUBLIC.

CHŒUR.

AIR : *Quel repas plein d'appas !*

Accourons,
Dépêchons;
Car l'audience
Bientôt commence :
Accourons,
Dépêchons,
Aux débats nous assisterons.

BELMONSKI, *à part.*

Voilà des figures à peindre,
Et des grotesques à foison :

Si ces gens-là viennent se plaindre,
Ma parole, ils ont bien raison.

CHŒUR.

Accourons, etc.

HORTENSE, *regardant.*

C'est assez plaisant, une audience publique; je n'avais
jamais vu cela.

Mme LACAILLE.

Moi, j'y suis été déjà quatre fois; mais c'est pas si drôle
que le correctionnel! oh! j'adore le correctionnel!

BROUILLARD.

Silence, Monsieur!

BELMONSKI, *très-haut.*

Silence, papa Richardot!

RICHARDOT.

Moi?... je ne dis rien.

BELMONSKI.

Raison de plus.

BROUILLARD, *passant un papier à Mathieu.*

Appelez les causes.

RICHARDOT.

Ah! ah! voyons donc un peu comment cela s'appèle, les
causes.

MATHIEU, *lisant.*

J'y suis, M. Brouillard.

BELMONSKI, *à part.*

Une affaire dans les brouillards, ça n'est pas clair.

MATHIEU, *continuant de lire.*

« Le sieur Martin, contre la dame Bidaut, au sujet de la
« poudre des odalisques. »

BROUILLARD.

Je sais ce que c'est... Les plaideurs prétendent tous les
deux qu'ils ont inventé la poudre!...

BELMONSKI.

Et ils l'ont peut-être inventée comme vous.

BROUILLARD.

Je ne suis pas partisan de ce charlatanisme-là, moi...
On n'entend plus parler que d'essences, de cosmétiques,
de poudres et de philocomes!... ces huiles-là ne sont pas

essentielles pour la beauté. (*Regardant les assistans.*) Il
me semble que le genre humain est au moins aussi laid que
de mon temps... Voyons, où est le défenseur du sieur
Martin ? (*Silence.*) Personne ne répond... continuée à
huitaine. A un autre.

MATHIEU , *lisant.*

« Le sieur Maréchal, dentiste, demande le paiement
» d'un ratelier, fourni à un fonctionnaire public. »

BROUILLARD.

Où est le plaignant ?

MARÉCHAL , *sortant de la foule.*

Me voilà, M. le Juge ; mon affaire est bien simple, il
s'agit d'une mâchoire...

BELMONSKI.

Une mâchoire !... Point de personnalités , s'il vous
plaît !...

BROUILLARD.

Silence ! (*A Maréchal.*) Votre homme refuse donc de
vous payer son ratelier ; il ne veut pas en démordre.

MARÉCHAL.

Non , Monsieur, et il en a fait faire un autre chez un de
mes confrères.

BROUILLARD.

Il paraît que ce fonctionnaire-là veut manger à deux ra-
teliers.

MARÉCHAL.

Vous savez , M. le Juge, que je suis connu dans Paris ?

BROUILLARD.

Certainement ; ce n'est pas d'aujourd'hui que vous faites
des dents.... votre père en faisait, et vos enfans en feront
aussi probablement.

BELMONSKI.

Belle malice ! nous en avons tous fait... c'est le premier
métier de la nature.

BROUILLARD.

En conséquence, nous condamnons, par défaut, votre
partie adverse à payer ses dents, reconnaissant que la
mâchoire dudit individu est d'une très-bonne qualité.

BELMONSKI.

Ça va lui fermer la bouche.

(*Maréchal se retire dans la foule.*)

L'Audience.   4

MATHIEU, *lisant toujours.*

« La dame Lacaille, portière, contre les sieurs Bel-
» monski et Richardot. »

BELMONSKI.

Ah! ah! c'est notre affaire! passez, M. le Juge de paix;
vous savez bien, c'est arrangé.

BROUILLARD.

Sans doute... Voyons donc pourtant de quoi il s'agis-
sait.

(*Il prend le papier que tient Mathieu.*)

Mme LACAILLE.

Mon bon cœur a pardonné; ainsi, M. le Juge, si vous
voulez me rendre ce que vous savez bien...

BELMONSKI.

Nous avons reconnu nos torts.

BROUILLARD, *qui a parcouru le papier.*

Vos torts!... vous avez raison, Monsieur; car ils sont
très-graves!

BELMONSKI.

Cette jolie bouche en cœur a daigné prononcer mon
pardon, et puisque j'ai pour moi la bouche en cœur...

BROUILLARD.

Faire de la musique jusqu'à deux heures du matin!...
jouer de la clarinette!...

BELMONSKI.

D'accord; mais je vous répète...

BROUILLARD.

D'accord! point du tout, vous jouez très-faux, au con-
traire.

BELMONSKI, *vivement.*

Je joue faux! ça n'est pas vrai.

BROUILLARD.

Comment, Monsieur...

RICHARDOT, *avec chaleur.*

Il a raison, M. le Juge de paix; ça n'est pas pour vous
démentir, mais cela n'est pas vrai.

BROUILLARD.

Mais, Monsieur, on ne s'emporte pas ici!...

RICHARDOT.

Je suis Richardot, ex-clarinette de l'Académie royale de Musique ; et je réponds de mon élève.

BROUILLARD.

Mais puisque c'est la portière et la demoiselle Hortense qui, dans leur plainte, assurent que vous leur écorchiez les oreilles...

BELMONSKI.

Ah! ah! (*Avec ironie.*) Elles sont donc bien délicates, ces pauvres petites oreilles ?

HORTENSE, *d'un ton piqué.*

Ma foi, Monsieur, elles n'ont pas besoin de l'être beaucoup pour souffrir de vos sons discordans.

Mme LACAILLE.

Faut être juste, vous jouez faux ; moi qui ai les nerfs délicats, ça me faisait grincer les dents, comme si qu'on écrasait du charbon.

BROUILLARD.

Vous voyez donc bien....

RICHARDOT.

Madame, mon élève est incapable...

BELMONSKI.

Laissez donc, papa Richardot, ces dames s'entendent à la musique comme des sourds du café des aveugles !

BROUILLARD, *à Hortense.*

Il vous insulte !

HORTENSE.

Monsieur!...

RICHARDOT.

Elle voudrait faire accroire à M. le Juge de paix que nous faisons des couacs.

BELMONSKI.

C'est pitoyable !

Mme LACAILLE.

Eh bien! oui, vous en faites, des couacs ! je le soutiens, moi. Vous révolutionnez tout le quartier, et quand vous jouez de la clarinette ensemble, on dirait d'un duo de canards!...

BELMONSKI *et* **RICHARDOT.**

C'est trop fort!...

TOUS.

Air *du Siège de Corinthe.*

Ah! peut-on se traiter de la sorte
Dans l'asile où doit régner la paix?
Malgré moi, la colère m'emporte;
Entre nous plus d'accord désormais,
Nous voilà divisés pour jamais!
Ah! peut-on se traiter, etc.

SCÈNE XII.

LES MÊMES, IBRAHIM, *portant deux épées cachées sous sa tunique. — Il est entré en scène un peu avant la fin du chœur précédent.*

IBRAHIM, *s'approchant de Belmonski, et lui saisissant le bras.*

Monsieur!...

BELMONSKI, *se retournant.*

Encore ce diable de Turc!... Que voulez-vous, Musulman?

IBRAHIM.

Vous donner une leçon, et me battre avec vous pour votre instruction.

BELMONSKI.

De quel droit?

BROUILLARD.

Vous battre!... Ignorez-vous dans quel lieu vous êtes, téméraire étranger?

IBRAHIM.

Je suis en France, dans le pays de la liberté.

BROUILLARD.

C'est juste.

IBRAHIM.

Et je ferai tout ce que je voudrai.

BROUILLARD.

Du tout, nous avons des lois.

IBRAHIM.

Ça m'est égal. (*A Belmonski.*) Monsieur, vous m'avez ravi celle qui m'aimait...

BELMONSKI.

Ce n'est pas moi, c'est mon pyhsique.

HORTENSE.

Eh! quoi, Ibrahim, pouvez-vous croire...

IBRAHIM.

Laissez-moi, perfide! je n'écoute plus rien.

BROUILLARD, *avec force.*

Arrêtez, jeune Asiatique!... me prenez-vous pour un zéro?... Je vais me révolter aussi, moi!

(*Il s'approche de Mathieu et lui parle par signes.*)

BELMOSNKI.

Ah! ça, Turc, on ne vient pas se ruer ainsi sur des citoyens paisibles et désarmés.

IBRAHIM, *tirant deux épées de dessous sa tunique, et en présentant une à Belmonski.*

Voici une épée, prenez; prenez vite, Monsieur!

BELMONSKI, *prenant involontairement l'épée.*

Ah! petit cannibale!

(*Il se met en garde. — Ibrahim veut lui porter une botte, Brouillard et tous les autres personnages se jettent entre les épées, de manière à figurer le tableau des Sabines.*)

BROUILLARD, *avec force.*

Arrêtez!

TOUS.

AIR : *Prince, la voix de la patrie.*

Calmez votre colère,
Ménagez votre rival!
Quoi! se déclarer la guerre
En face d'un tribunal!...

BROUILLARD.

Vit-on jamais pareille audace!...

MAD. LACAILLE.

ll s' déchaîne comme un coup d' vent!...

HORTENSE.

Ibrahim, arrêtez, de grâce...

BELMONSKI.

Lâcher ça dans Paris, vraiment,
C'est un tort du Gouvernement !

BROUILLARD.

Paix ! bas les armes... Quel scandale!... me compro-
mettre ainsi publiquement!... Que les oisifs se retirent...
je veux juger à huis clos.

TOUS.

Quel excès de colère,
Et quel bruit infernal !
Quoi! se déclarer la guerre
En face d'un tribunal !

(*Le Public sort.*)

SCÈNE XIII.

BROUILLARD, IBRAHIM, BELMONSKI, Mme
LACAILLE, HORTENSE, RICHARDOT.

IBRAHIM.

Comment, je suis dans le pays de la liberté, et je ne
peux pas me faire justice moi-même!... alors je porte
plainte contre mademoiselle Hortense, pour m'avoir
trahi.

BROUILLARD.

J'aime mieux ça.

Mme LACAILLE.

Pour lors, moi, je me remets à plaider contre les deux
musiciens.

(31)

BROUILLARD.

Vous en avez le droit.

HORTENSE.

Je me joins à vous.

BELMONSKI.

Comme il vous plaira.

HORTENSE.

Ils sont cause de tout le scandale qui me compromet
ici.

RICHARDOT.

C'est délicieux ! je ferai payer ma clarinette.

Mme LACAILLE.

Moi, je vous ferai payer les pots cassés.

BROUILLARD.

Mais je ne sais plus où j'en suis, tout le monde parle à
la fois.

IBRAHIM, *à Belmonski.*

Monsieur, après l'audience nous nous battrons.

BELMONSKI.

Quel petit enragé!... Le soleil d'Egypte lui coule dans
les veines.

BROUILLARD, *en colère.*

Ah! ça, Egyptien, vous répandez le trouble et la con-
fusion parmi la justice ; et pour avoir la tranquillité, je
vais vous séparer tous deux. (*A Ibrahim.*) Entrez dans
cette chambre, (*A Belmonski.*) et vous dans ce cabinet.

IBRAHIM.

Mais...

BROUILLARD.

Mameluck, obéissez, ou j'appelle la garde.

BELMONSKI.

Ce qui veut dire les janissaires.... Entends-tu, Mameluck ?

IBRAHIM.

J'obéis.

AIR : *Quelle aventure!* (De Rossini.)

Mais la partie
N'est pas finie.

BROUILLARD ; *les séparant.*

Turc, marchons au pas redoublé !

(*Il l'entraîne et l'enferme.*)

BELMONSKI.

Tenez-le ferme,
Et qu'on l'enferme.

BROUILLARD.

Et vous aussi, vite sous clé.

TOUS.

Par leurs cris chacun est troublé.   (*bis.*)

(*Ibrahim et Belmonski entrent dans les deux cabinets, l'un à droite,
l'autre à gauche.*)

SCENE XIV.

LES MÊMES, *excepté* BELMONSKI et IBRAHIM.

BROUILLARD, *qui a fermé chaque porte.*

Maintenant que les voilà sous clé, peut-être nous enten-
drons-nous. (*A Richardot.*) Ah ! ça, mais vous m'aviez
dit que vous étiez réconciliés ?

RICHARDOT.

C'est vrai, mais vous vous en êtes mêlé, M. Brouillard ;
et depuis ce moment là vous voyez...

BROUILLARD.

Eh bien ! qu'est-ce que je vois ?

RICHARDOT.

Ecoutez : la portière a brisé deux clarinettes, la mienne
et celle de M. Belmonski qui est là-dedans.

Mme LACAILLE.

C'est des menteries, c'est des faux !

RICHARDOT, *tirant une clarinette.*

Voilà ma pièce de conviction, mon élève a l'autre sur
lui ; voyez, elle m'a cassé le bec. Y a-t-il moyen maintenant de se servir de cet instrument, jugez vous-même.

(*Il joue faux.*)

HORTENSE, *se bouchant les oreilles.*

Ah! Monsieur, de grâce...

BROUILLARD, *criant.*

La cause est suffisamment entendue.

RICHARDOT.

Du tout, du tout, il faut que vous estimiez le dégât.

(*Il essaie un air, Belmonski joue en même temps que lui dans le cabinet.*)

BROUILLARD.

Miséricorde!... et l'autre aussi... Voulez-vous bien vous taire, malheureux!... Quel vacarme!... Je vous demande si nous sommes ici dans un bureau de paix?... (*Ils continuent. — A Belmonski.*) Monsieur, c'est de la dernière indécence.

BELMONSKI, *paraissant à la lucarne du cabinet.*

Pourquoi ça, pourquoi ça?... On nous accuse, nous devons faire entendre nos moyens de défense.

BROUILLARD.

Mais la justice demeure en suspens.

BELMONSKI, *en haut.*

Il me semble que j'y suis bien autant qu'elle. Ecoutez, renvoyez-nous sans dépens, et ça sera fini.

BROUILLARD.

Pour que ça finisse, il faut d'abord que ça commence.

BELMONSKI.

Au fait, c'est possible.

BROUILLARD, *en colère.*

Descendez de là, Monsieur, ou je m'en vais monter.

BELMONSKI.

Comme Barbe-Bleue.

BROUILLARD.

Comme Barbe-Bleue!... Eh bien! nous allons voir!... La fureur m'exaspère, et je vas faire mettre les deux clarinettes au violon!... (*Il veut ouvrir la porte de Belmonski. — On entend du bruit du côté de l'Egyptien.*) Allons, qu'est-ce que c'est encore?... Est-ce qu'on casse mes cristaux là-dedans?...

L'Audience. 5

SCÈNE XV.

LES MÊMES, IBRAHIM, *conduit par deux vét érans.*

IBRAHIM, *se débattant.*

AIR : *Au galop, au galop.*

Laissez-moi,　(*ter.*)
Craignez mon courage
Et ma rage !
Laissez-moi,　(*ter.*)
Ma colère est ma seule loi.

UN VÉTÉRAN.

L'étranger que voici,
Casse tout ici...

BROUILLARD.

Ne le lâchez pas...
Nouvel embarras !
Le grand Salomon　(*bis.*)
Ici perdrait la raison.

ENSEMBLE.

IBRAHIM.

Laissez-moi, etc.

TOUS.

Le voilà, (*bis.*) sur ma foi.
Dieu ! quelle rage,
Et quel tapage !
Il n'a peur de rien, je le voi.
Comme il se moque de la loi !

BROUILLARD, *furieux.*
Toujours ce Mahometan !... qu'il soit gardé à vue.
(*Il fait un signe, tous les assistans vont s'asseoir sur un banc.*)

IBRAHIM.
C'était bien la peine de venir ici pour mon instruction.

BELMONSKI.

Quand vous en serez à moi, n'oubliez pas que je suis là.

BROUILLARD.

Silence, tout le monde!... (*Il va s'asseoir.*) Sur mon honneur, j'en aurai une fluxion de poitrine. (*Il parcourt des papiers.*) Ah! voilà enfin la plainte signée de la dame Lacaille et de la parfumeuse Hortense, comme témoin. (*Avec étonnement, à part.*) Que vois-je? Hortense, femme Belmont!.... Il me semble que ce matin... (*Il appelle.*) La dame Hortense! (*Hortense s'approche du bureau.*) Avez-vous habité naguères la ville de Londres, capitale de la Grande-Bretagne?

HORTENSE.

Oui, Monsieur... Mais comment savez-vous?...

BROUILLARD.

N'exerciez-vous pas dans cette susdite capitale la profession de marchande de modes?

BELMONSKI, *à part avec surprise.*
Marchande de modes!

HORTENSE.

Il est vrai. Ce sont des revers de fortune qui m'ont forcée de revenir en France, et de me mettre dans la parfumerie.

BROUILLARD.

Vous avez connu lord Bertram?

HORTENSE, *hésitant.*
Oui, Monsieur; toutes les dames de sa famille se fournissaient chez moi.

BROUILLARD.
Et vous êtes bien Marie-Hortense Belmont?

HORTENSE.
Oui, Monsieur.

BELMONSKI.
Marie Belmont! qu'entends-je!... O miracle!... se peut-il?... Monsieur le Juge de paix, j'ai à parler.

BROUILLARD.

Alors, taisez-vous... Soldats, placez-vous à cette porte pour l'empêcher de sortir et d'élever la voix. (*Deux sol-*

dats se placent sous la lucarne près de la porte. — A Hor-
tense.) Eh bien! ma chère dame, lord Bertram vous a
fait un legs de 10,000 livres sterlings.

BELMONSKI.

Un legs!... c'est moi, Monsieur.

HORTENSE, *au juge de paix, avec force.*
Ah! Monsieur, que m'apprenez vous!...

CHŒUR.

AIR : *C'est notre ami Blondel.*

Dieux ! quel événement !
Quel heureux testament !
Ah ! c'est charmant ! (*bis.*)

BELMONSKI.

Je n'y tiens plus!... (*Il escalade la lucarne, met ses*
pieds sur les épaules des soldats, fait un saut à terre, et se
trouve aux genoux d'Hor ense.) Marie-Hortense Belmont,
vous voyez à vos pieds un époux qui vous tombe du
ciel.

TOUS , *se levant.*
Un époux!

BELMONSKI,

Oui, adorable créature ; je suis Belmont, ou Belmonski
en polonais, le même que vous épousâtes en 1814, pour
payer vos dettes à Londres, et qui vous retrouve en 1829
pour payer les siennes à Paris, avec les 10,000 livres
sterlings.

HORTENSE.

Comment, Monsieur?... il serait vrai!... Ah! j'éprouve
un saisissement...

BELMONSKI.

Permettez, je fus saisi plus que vous quand on me mena
en prison ; mais je vous retrouve, j'oublie tout!...

AIR : *Bonsoir!*

Du passé je me ris ;
Le présent m'est fidèle.
Après l'enfer , ma belle,

J'arrive au paradis !
Amour, tu me la livres
Avec ses yeux divins,
Et ses dix mille livres
Sterlings.

HORTENSE.

Monsieur, je n'ai rien à dire... Mais j'avoue que j'étais
loin de penser à vous ; je vous avais si peu vu !...

Mme LACAILLE.

C'est des coups d'hasard, tenez, c'est comme la femme
d'un matelot que je connais : son mari a déjà été mort trois
fois, et il est encore revenu, il n'y a pas plus de quinze
jours, manger la soupe chez elle.

BELMONSKI.

Dieu ! quelle rencontre !... J'étais venu ici pour plaider,
et je m'en irai avec ma femme sous le bras, et les 10,000
livres sterlings.

BROUILLARD.

Ça dépend.... car Madame peut plaider en séparation ;
ces causes-là se gagnent très-bien...

HORTENSE, *vivement.*

Vous croyez ?...

BELMONSKI.

Eh bien !... eh bien !... n'allez-vous pas encore nous
brouiller ?...

IBRAHIM, *à part.*

Ah ! il est son époux !... c'est bien dommage pour mon
instruction !

BELMONSKI, *à Hortense.*

A-propos, dites-moi donc pourquoi cet Anglais vous a
fait un si beau legs, ma belle moitié ?

HORTENSE.

J'avais la confiance de toute la maison ; je fournissais des
chapeaux aux jeunes ladys, j'apprenais le français à My-
lord... et je coiffais...

BELMONSKI.

Son épouse, sans doute ; alors tout s'explique. La dona-
tion est fort naturelle ; c'est un souvenir d'amitié, voilà
tout.

BROUILLARD.

Ah! ça, je crois qu'à présent je peux vous mettre hors de cause?

Mme LACAILLE.

Tiens, cette bêtise! pourquoi donc ça?... Je veux mon indemnité... J'irai demain au correctionnel.

RICHARDOT.

Vous m'y trouverez avec ma clarinette.

IBRAHIM, *à part.*

Le mari n'en est pas quitte!... nous nous reverrons.

BELMONSKI, *à part.*

Pourvu qu'elle ne m'échappe pas encore, avec les 10,000 livres sterlings!

BROUILLARD.

Maintenant, vous voilà tous contens; mais je peux dire que j'ai eu assez de peine pour rétablir l'accord et l'harmonie entre vous.

BELMONSKI.

Voilà ce que c'est qu'un bureau de conciliation, Mameluck.

IBRAHIM.

Je m'en souviendrai, pour mon instruction.

VAUDEVILLE FINAL.

TOUS.

AIR *de la Mazourka.*

Adieu,
Monsieur, nous partons de ce lieu,
Où l'on se fait la güerre;
Et nous fuirons pour jamais
Désormais,
La justice de paix.

MAD. LACAILLE.

Monsieur, sans être fière,
J' vous conseill' d'ach'ter d' la lumière;
Ça n' coût' pas ben cher,
Et vous y verrez p't'êtr' pus clair.

(*Elle fait la révérence, et s'éloigne au fond.*)

RICHARDOT.

Vous êtes très-fort
En musique, ainsi qu'en affaire;
Et l'on n'a pas tort
De chercher près de vous l'accord.

(Il s'éloigne.)

HORTENSE.

Moi, dans tout Paris,
Je vanterai votre finesse.

(Elle s'éloigne.)

IBRAHIM.

.De votre sagesse
Je parlerai dans mon pays.

(Il s'éloigne.)

BROUILLARD, *au Public.*

Messieurs, il m'est doux...

BELMONSKI, *l'arrêtant.*

Ah! là-bas, veuillez ne rien dire;
Il doit vous suffire
De nous avoir brouillés chez vous.

(Il va rejoindre Hortense, et tous reprennent en sortant :)

CHŒUR FINAL.

Adieu,
Monsieur, nous partons de ce lieu
Où l'on, etc.

FIN.

9 782019 288853